하나씩 지워져 간다

하나씩 지워져 간다

지은이 · 고혜영
펴낸이 · 유재영
펴낸곳 · 주식회사 동학사

1판 1쇄 · 2018년 2월 28일
출판등록 · 1987년 11월 27일 제10-149

주소 · 04083 서울 마포구 토정로53 (합정동)
전화 · 324-6130, 324-6131 | 팩스 · 324-6135
E-메일 | dhsbook@hanmail.net
홈페이지 | www.donghaksa.co.kr
www.green-home.co.kr

ISBN 978-89-7190-648-4 03810

하나씩 지워져 간다

고혜영 시조집

동학사

■ 서문

음력 십일월 스무사흘. 마당에 하얀 달이 떴다. 낮달이 내 삶을 닮았다. 서쪽으로 기울수록 별들이 하나씩 모여들기 시작한다. 시간은 지워지는 것 같지만 다시 살아난다는 것을 믿는다.

낮달, 여러 번 수도 없이 보아왔을 테지만 지금까지는 한 번도 알아차리지를 못했다. 작고 일시적인 것에서 기쁨을 얻다니. 이 기쁨은 나의 글쓰기의 멘토이며 순수한 영혼을 지닌 막내 승일이의 몫으로 남겨둔다.

2018년 2월

고혜영

차례 고혜영 시조집

1

2

3

4

01

단풍 앞에서

아픈 만큼 주신 선물
이제야 받습니다

원망 분노 절망 희망…
십 년 세월 보내고서야

단풍잎 붉은 핏줄의
따스함을 압니다

우화 한 점

제가 친 올가미에
그만 제가 갇히고 만

마당 켠 거미 한 마리
꼼짝 못한 저녁 무렵

열나흘 상현이 뜨다
거미줄에
걸렸다

전봇대

칠팔월 뙤약볕에도
그늘 한 번 바란 적 없어

사람이 세워준 자리
불만 한 번 한 적 없어

한 생을 빼빼 마른 채
제 할 일만
다
한다

비 온 날에

비 온 날 태극기는
젖어도 울지 않아

하루 종일 숙인 채
사람 걱정
나라 걱정

비 온 날 무궁화 꽃이
함께 젖고 있었다

우연일치

동틀 녘 렌즈 속으로
깃털 하나가 들어왔다

서쪽으로 흐르던 달이
바람결에 뽑힌 깃털

어젯밤 밤을 휘젓던
두견새의
외
마
디

우수 무렵

서리 마른자리
부챗살 펴든 햇살

손가락 젖을 빨며
화단 위로 오르더니

키 작은 아기 수선화
마른 젖을
물었네

초승

며칠째 비 날씨로
쪼쪼 굶은 아이처럼

장마철 구름 사이로
살짝 비춘 너의 얼굴

웃는 듯 우는 듯 하는
한 소녀가
날
보네

구름

발은 땅에 딛고
구름만 보는 일상

잡힐 듯 잡히지 않는
꼬리 없는 글귀처럼

십 년째 허상만 그린
내 시업의
텃밭 같다

겨울나무

더 큰 것을 걸어두려
이파리 다 내린 가지

달 별 구름 햇살
파란 하늘 부르는 가지

지나던 바람이 와서
비닐 옷을
걸었네

시월

이제나 저제나 하며
이별 준비 중인 가을

손 놓을 때를 알고
돌아갈 길을 알고

올레길 막다른 곳에
호박들이
놓이다

낮달

시어머니 물려주신
내 품안에 항아리 두엇

된장 김치 담아 넣고
마당 옆에 모셔두면

등 굽은 낮달이 와서
등허리를
닦네요

지킬 守 - 끼어들기

내 삶의 안전띠에는
'뚝'소리가 나지 않아

육십 킬로 안전속도
슬쩍 슬쩍 끼어드는

천자문 '지킬 守'자가
교통법을 어긴다

폐경의 시 - 야생양귀비

앞서가던 한 여인이
생리대를 버렸구나

인적 뜸한 올레길에
군데군데 만나는 꽃

폐경기 혈흔이 묻은
꽃잎들이
밟힌다

할머니 꽃

자루 반 할머니 반
무지갯빛 색깔로

애월읍 취나물 밭에
곱게 핀 할머니 꽃

밭이랑 일렬횡대엔
이야기 꽃
또
핀다

튜울립 한 송이가

세상이 멈춰버린
세월호 침몰소식

입 벌려 정신줄 놓은
튜울립 한 송이가

제 심장 타는 거 감추고
부엌 앞에
서
있다

02

젖은 길이 좋아라

돌담 지붕 나무 길 비 가득 먹은 아침
길바닥 웅덩이에 살며시 들어왔네
나, 여기 무릎을 꺾고 거울 한 번 더 보네

비 올 때 푹 젖은 길, 질퍽질퍽 내 삶의 길
뜨거운 돌담 식히고 아스팔트 다 식히고
하늘의 눈물이 스민 젖은 길이 좋아라

물속에 거꾸로 앉아 나를 보는 또 다른 나
그 뒤로 감나무 서고 돌담들이 따라 서고
짝짓기 잠자리 한 쌍이 물방울을 튕긴다

이상한 거울

물이 출렁이면
나의 몸도 출렁인다

출렁이는 몸을 보며
내 마음도 출렁인다

올해에 삼십 년 빼자
나도 아직
청춘이다

마음이 쓸쓸하면
물길도 나를 본다

바람에 살갗이
물비늘로 바뀌면서

우울한 눈시울 속에
낯선 이가
서 있다

역광의 길

때 되면 자리 비우는 가을 숲이 사람들 같다
헛헛한 밑둥치에 한 잎 두 잎 내리는 가을
뒤따라 내려온 햇살에 눈물겨워 오는 길

올 가을 내안의 숲에도 가지들을 비워야지
방울방울 산의 열매 아껴 먹던 새들조차
나직한 날갯짓으로 찡찡 울며 나는 길

붉은 것은 붉은 대로 노란 것은 노랑대로
떠나갈 무렵 해서 제 속내 다 드러낸 길
빨간색 화살표 하나가 역광 속에 보인다

노지 산 한라봉

이제 막 빠져나갈
신맛에 버티는 너
배꼽에 자꾸 자꾸
힘을 모아 내미는 너
나 여기 면장갑 끼고
네 이마를 닦는다

택배로 부칠까봐
노지의 질긴 근성
겨우내 방한 봉지
한 겹 두 겹 벗겨낼 무렵
그이의 전정가위가
봄 햇살을 튕긴다

물망초

쉴 새 없이 내리던 비
새벽에야 그쳤구나
잠 덜 깬 물망초에
눈물이 그렁그렁
햇살이 살짝 내려와
눈물 닦고 있었다

물만 먹고 살아도
세상 아픔 나도 안다
승일이네 집에 살아도
울레 밖에 꽃들이 안다
이 아침 찾아온 햇살이
반짝반짝 거리듯

월야

하늘엔 별들의 노래
땅에는 풀벌레 노래
풀여치 울음소리에
잠 못 이루어 나온 새벽
마당귀 달맞이꽃도
노란 등을 켜달고

우는 것은 저들에게
그 까닭이 있다는 거
귀 막고 눈 먼 삶이
이쯤해서 귀를 열 때
먼발치 하현이 떠서
옆자리를 비춘다

제 이름 닮아가듯

꽃 한 송이 피우기 위해 겨울부터 덤볐을 벽
사락사락 씨앗 한 줌 양손 모아 받아내는
텃밭의 장다리꽃이 내 모습을 닮았다

돋보기 끼고서야 가까스로 만나는 별
눈 씻고 마음 씻어 씨줄 한 점 집어 올리던
기다란 내 모가지에 꽃잎 묻어 있었다

겉모습 본 모습이 제 이름을 닮아가듯
장다리 꽃잎을 닮은 그 영혼의 순수를 꿰며
상처 난 꽃잎 앞에서 날줄 엮고 있었다

찡하니 눈물 직전의

허접한 사유 한 점 가지 위에 둥지를 트네
편린의 하얀 기억 스러질 듯 되살아나고
서투른 사랑의 고백을 가지가지 띄우며

하늘도 보란 듯이 손바닥을 펼쳐들고
재물 운 생명줄 하며 손금 보던 목련나무
성급한 속임수라며 설레설레 흔들 때

딱, 손톱만큼 손톱만금만 살다갈 생을
목련 꽃잎마다 방방곡곡 이름 알리다
찡하니 눈물 직전의 시 한 편을 흘린다

동백꽃

입 벙긋 통모자 쓰고 담벼락에 피어난 봄
재잘재잘 빠져나와 길바닥에 쏟아진 봄
막내의 손가락 사이로 붉게 붉게 물든 봄

가위바위 가위바위보 주먹놀이 하는 봄
처마 밑 꼭꼭 숨어 숨바꼭질 하는 봄
배시시 끼리끼리가 구슬치기 하는 봄

오십 년 넘게 살아도 그때처럼 내리는 봄
동백꽃 송이송이 아픔처럼 내리는 봄
내 고향 올레길 따라 붉은 자국 딛는 봄

서귀포 아침

섶섬 문섬 범섬 등의 이름표 걸어두고
물장구 치는 소리에 놀라 깨는 서귀포
섬들이 담그고 앉아 반신욕을 즐긴다

출근길 내린 햇살 윗도리에 담아다가
한라산 중턱에서 구름 한 점 불러다가
새악시 수줍은 젖가슴 살짝 들어 가릴 때

섬들도 자매끼리는 살짝 거리를 둔다더라
조용조용 내비치는 아침 햇살 나눠가지며
한라산 만덕할망께 아침 문안 올린다

청보리의 노래

사람은 사람끼리
말을 주고받듯이
보리도 보리끼리
주고받는 말이 있어
초록 귀 쫑긋 세우고
봄 가운데 피어서

하늘의 소리에도
보리만의 노래가 있어
가느다란 대궁으로
고추서는 법을 익혀
저 들판 차별금지에
한 목청을 뽑는다

떨어져 날아온 봄이

초속 이십 미터
비바람이 몰아친다

벚나무 가지가지
요동치던 어젯밤에

뿔뿔이 흩어져 가는
꽃잎들이 보였다

어디서 날아왔나
하얀 꽃잎 노란 꽃잎

층층이 현관계단
끼리끼리 모여 있는

떨어져 날아온 봄이
맨살인 채 밟힌다

초파일 고사리밭

삼천 번 절을 해야
고사리 다섯 근 주신다는

한라산 산자락에
백일불공 드리는 손들

민오름 삼백 예순이
초식동물 같더니

물 반 고기 반
사람 반 고사리 반

고사리 오무렸다
초록 손을 피는구나

빙그레 백록 정상이
부처 미소
지으셔

수국

계절도 이쯤이면 건망증을 앓는 거다
한 달포 마른장마 섬 바다에 불 지피고
급하다 매미소리가 길잡이로 나선 날

반바지 갈옷 입고 허리 펴 본 기억이 없어
작년 이맘때쯤 와자자 피던 저 꽃
넘겨 올 바통 하나에 손 내밀어 앉았다

몇 날 며칠 말려서야 꽃잎이 종이가 될까
전생의 불한증막 불쏘시개였을 수국
까맣게 목줄이 마른 시 한 편을 받는다

안개가 걷히면서

소나무는 소나무대로 단풍나무는 단풍나무대로
꽃 한 송이 줍기 위해 봄 한철 다 보내고
쫑긋한 잎사귀들이 하늘 향해 솟을 때

맞은 편 삼의오름이 커튼 말아 올리자
가지와 가지사이에 반짝이는 거미줄처럼
한라산 딱따구리가 햇살 물고 날은다

칠월 숲에 들면 밑둥치만 보이는 나무
이쯤에 살짝살짝 단풍 숲이 그리운 까닭
나 여기 내리막길을 헤아리고 있나봐

하나씩 지워져 간다

고추밭에 나직이 앉아 노을을 줍던 노인
서쪽 산등성이 불빛들도 낮아지고
하나씩 지워져 간다, 아라동에 이름들

문 열면 한라산이 마당까지 달려와서
아프다, 슬프다, 기쁘다며 주고 받던…
이제는 잿빛 건물만 거물처럼 서 있고

십년 전 이사 올 땐 먼 산들도 이웃이더니
민들레 쑥부쟁이 제비꽃 피는 날에도
외마디 철문 닫는 소리, 노을빛도 가린다

03

이정표를 지우며

핑그르르 이파리 말린 채
정 떼기에 바쁜 나무

가을이 익어간다
가지 끝에 익어간다

다 비운 감나무 가지에
홍시 하나 남았다

말라붙은 내 발자국
여기까지 따라와서

헐거움만 더해가는
한대오름 숲길에 와서

어느 새 떠나온 날들의
이정표를 지운다

젖꼭지가 시든다

상자 속에 감춰두고
몰래 먹는 습관이 있어

물기 마른 살갗이랑
배꼽 빠진 가슴이랑

관광철 좌판에서는
금값 은값인 것을

쭈글쭈글 검버섯이
늙은 해녀를 닮았구나

추워, 추워 잦아든
아랫목에 와서일까

노지 산 한라봉 꼭지
젖꼭지가 시든다

이월 밥상

하루에 두 번씩 밥상 두 번 차리는 이월

한 상은 부엌에서 다른 상은 마당에서

달그락 참새가족들 설거지가 바쁘다

주인 허락 없이 공짜 밥상 차리는 저들

사랑니 빠진 녀석 반쯤 씹다 뱉은 열매

이월의 파라칸사스에 잔반들이 쌓인다

겨울 걷기 1

겨울이 오고서야 그 속내를 다 알았네
한림읍 명월리 꾸불꾸불 길가에서
등 굽은 팽나무들이
경로당을 지킨다

백 세 넘은 팽나무가 제 군락을 이루면서
상남자 거친 세월 기세 등등 가지로 서서
하늘에 덧칠을 하던
그 붓 길은 굽었네

비바람 맞고서야 옹골 차는 저 가지들
마디마디 우여곡절 초중종장 운율처럼
나 여기 백년 생 팽나무
그 곁에 와 서 있네

겨울 걷기 2

잎 내린 가지에는 세상사가 다 있더라
춤추고 구애하며 잉태하는 선남선녀
나체의 몸짓 몸짓이
천상,
그곳이더라

새들이 떠난 자리 관절 눈코 다 붙이고
삼백 년 팽나무의 생애 같은 실루엣 한 편
검은색 폐비닐 자락이
가지 끝에
날린다

춤 한 판 펼쳐서야 봄이 시작된다는 것을
이파리 벗어내야 진실 거기 있었음을
건너편 나무 사이로
까치집도
보인다

겨울 걷기 3

한파가 지나가고 풀들이 다 죽었다

돌담 밑 피다 시든 광대나물 코 밑으로

어젯밤 거두지 못한

서릿발이

서 있다

겨울 걷기 4

쨍 하고 항아리에 금이 가는 겨울 아침

영하권 어제 오늘 깨져버린 약속처럼

노지의 한라봉 열매에

고드름이

맺히고

겨울 걷기 5

개성공단 폐쇄시킨 병신년 설 무렵에

가방도 못 챙긴 채 싣고 온 겨레의 슬픔

텃밭에 쇠별꽃마저

하얀 입을

다문다

겨울 걷기 6

워킹 맘 슬픈 속내 대물림이 되는구나

출산휴직 끝났다며 출근하는 뒷모습 건너

할머니 두 살 난 아기

울음 섞인

목소리

겨울 걷기 7

조반준비 한창인데
골목길이 장날이다

참새들의 사랑놀이
경매시장 열리나 봐

이월의 청첩봉투를

저들에게

받는다

겨울 걷기 8

지난 해 마당 한쪽
가을 밝힌 국화 화분

올겨울 맹추위에
뿌리마저 내리셨네

버릴까 심을까 하다

한 줄 시에

담았네

겨울 걷기 9

아라동 골목길에 참새들이 놀러왔다

쪼르르 전깃줄에 앉아 있는 폼새 좀 봐

선거철 공천 기대에

발가락을

모은다

겨울 걷기 10

동백볼을 붉히며

나무와 돌담 사이 집이 성큼 다가오네

가릴 곳 없는 동네 남원읍 의귀리에

수줍은 소녀가 산다

동백볼을

붉히며

<남원읍 의귀리>

겨울 걷기 11

정낭 있어 좋아라

콩밭의 정낭 세 개로
그 속내를 다 밝힌다
사람은 정낭에게
정낭은 사람에게
제주엔
저들끼리만 소곤소곤 거린다
<애월읍 납읍리>

겨울 걷기 12

길이란 혼자서 가야

길이란 혼자서 가야 쓸쓸함도 따르는 것

돌담 너머 콩밭 너머 사람의 가슴에 드는

첫발의 깊이를 헤아려 디딤돌이 놓인다

〈애월읍 납읍리〉

겨울 삼나무

맨발로 산을 내려와 눈을 밟고 선다는 것
발목에 이끼형겊 수백 번을 기워 신었을
휴양림 삼나무 숲의 정강이가 시리다

감귤밭 바람막이 제 역할을 다하고도
평생을 섬에 갇혀 하늘길만 바라보는
세모꼴 삼각의 뼈가 추울수록 강해라

은행원 삼십 년은 어쩜 식물이었던 거
오는 새 가는 새 날갯짓만 헤아리다
까마귀 두 음절 노래로 뚝뚝 눈을 부린다

04

섭지코지 노을빛

서둘러 미역 짐 지고 큰딸 집에 오신 바다
여섯 시 삼십분 출발 버스 타고 오신 바다
팔십 생 바다 양식을 툇마루에 내린다

내일이면 어버이날 미리 챙겨 오신 바다
일 년에 꼭 한 번은 대접받고 싶으신지
몇 날을 바다에 들어 미역 줄기 땄을 거

어머니 속 깊은 밭엔 일곱 식구 창고란다
소라 전복 미역 따서 자식공부 시킨 바다
성산포 섭지코지에 노을빛이 사윈다

사월 휘파람새

"호이 휘익, 호이 휘익"
새소리 숨비소리

보리철 올레길에
휘파람새 휘파람 소리

고달픈 물질 인생의
휘파람만 깊어요

바다야 파도야,
형제이름 부르는 새야

사삼 때 스러져간
오빠 이름 부르다 말고

아흔의 망사리 짐을
마당에 와 푸시네

고향 수평선

성산포 우리 밭엔 가을이면 수평선 뜬다
울렁울렁 밭이랑엔 고구마 가득 품고
바다가 손 주름 쓸며 마당 안에 드신다

해마다 물마루엔 파릇파릇 당근 싹이
열일곱 단발머리 아기 해녀 초경을 푼다
생리통 속옷 담근 채 발만 동동 구르며

엊그제 여고생이 할머니가 되었구나
내 생의 삶의 이랑에 뿌리 내린 당근들이
쪼르르 앞을 다투어 서로 손을 내민다

순비기 그 자리에

하루도 거를 새 없이
산통을 앓는 바다

오팔 년 유월 스무이레
탯줄을 끊어놓고

일출봉 앉았던 자리에
푸른 혀를
내민다

오조리 동백꽃

일출봉 한 발 건너와
조반상을 받는 마을

노란 봄별 수줍게도
내려앉은 돌담 아래

동백꽃 통모자 쓰고
흠칫
흠칫 떨어져

바람 족족 받은 날에
지붕들은 낮아지고

나이 든 돌담들이
턱을 괴고 앉은 마을

고모님 팔순 생애가
올레처럼 휘어져

바다의 봄이랑엔

삼월 바다가 마당 밖에 눕습니다
미역 향 망사리 가득 등짐으로 실려온 봄
청보리 가득한 이랑 손이 동동 시린 날

봄이면 바다에도 보릿고개 있답니다
영등할망 다녀가신 저승길 바닷길 건너
연둣빛 이랑이랑에 봄파종을 한답니다

어머니 좌판에는 미역줄기 오릅니다
햇살 먹은 한라봉도 그 옆에 와 앉습니다
바다도 손을 거들며 봄 농사를 짓습니다

동백처럼

사월 이 고장엔
동백꽃이 삼촌이다

들판에 잡혀가서
열여섯에 떨어진 꽃

칠십 년 그때 오늘도
입만 벙긋 하셨지

누이는 육십 년을
입 다물고 살아왔지

보아도 모르는 척
입 있어도 말 모른 척

"오라방 나 적겠디 죽언"
입술 붉게 여신다

애인 같아 참 좋다

삼월이면 칼끝에서
깨어날 줄 아는 녀석

시월이면 누렇게
스러질 줄 아는 녀석

참 좋다 잔디마당이
애인 같아 참 좋다

맨발로 걸어볼까
풀내음 남은 마당

뒷짐 진 시간만큼
가까이 더 가까이에

곱게 핀 쑥부쟁이가
애인 같아 참 좋다

마늘꽃

접시꽃 피고 지고 천둥번개 치고 나면
장마가 끝난 자리 마당정리 하는 자리
성급히 면사포 쓰고 마늘꽃이 피었다

주말이면 내려온다는 딸아이의 문자 같다
아빠의 진갑축하를 제가 먼저 보태겠다며
마늘꽃 하얀 선물을 꺼내들고 웃는다

저만 혼자 신났다

갓 백일 우리 아기
바깥구경이 처음이라

잔디 깎는 기계소리
춤추는 저 잠자리

하늘의 모빌을 보듯
눈을 깜빡거린다

태교 때 배우지 못한
툴툴대는 바깥소리

불현 듯 잠자리가
주인인 양 찾아와서

풀내음 가득한 마당에
저만 혼자 신났다

손녀의 초승

서울 손녀 시현이가
외갓집에 내려온 날

서쪽 하늘 초승달이
서울 애기 보러 왔다

그 곁에 별 몇을 데리고
서울 말씨 쓰면서

자동차 문을 열자
시현이가 달 부른다

"달이 안녕? 별이 안녕?"
손인사가 반짝반짝

뽀드득, 노란 살갗의
초승달도 아기다

우리집 백일홍 꽃

외발로 딛고 서서
꽃 피우고 나비를 얹혀

태어나 단 한 번도
땅을 보지 않고서도

그 속에 단단한 지심을
익히 배워 알았을

화무십일홍이
화무백일홍이란다

사람도 어찌어찌
백세 시대를 탐하는 요즘

우리집 백일홍 꽃이
사람 흉내 낸단다

사람 人 이야기

막내 아이 앞에 두고 사람되길 소망했지
사람 사는 세상에서 사람으로 태어나도
꽃보다 나무들보다 곁눈질을 받았지

내 앞에 찰흙덩이 주어졌다 생각했어
눈 붙이고 코 붙이고 입 붙이고 귀 붙이고
마지막 심장을 붙여 숨을 "푸~푸" 불었지

그때부터 그 찰흙은 숨을 쉬기 시작했어
마당에 꽃과 별들과 말을 하기 시작했어
엄마는 그 아이 보며 "우리 천~재" 울었지

제비

비 그친 골목골목 쌍쌍이 나는 제비
신혼 방 찾느라고 이집 저집 둘러보다
여기다! 바닥을 치며 지지배배 거리네

초년생 월급쟁이 평생 벌어 못 살 집
이 년에 한 번씩은 이삿짐을 싸야 하는
딸자식 서울 살이가 제비보다 아픈 걸

집값보다 더 비싼 전세비가 걱정이래
삼십 년 맞벌이에 집 한 채 보태지 못한…
저 제비 다시 불러와 처마라도 내줄까

살만큼 살고서야

천천히 가는 길에 비 젖으며 가는 길에
길들이 굽이치며 앞서거니 뒷서는 길
후두득 하늘이 내려 내 차창을 때린다

부챗살 가지 펼쳐 하늘로 향한 것들
비 맞고 서 있어도 늘 하늘에 감사하는
숲 터널 졸참나무도 사람처럼 가는 길

살만큼 살고서야 삶이 보폭 헤는구나
주섬주섬 낚아 올린 섭지 바다 낚싯줄에
비 젖은 휘파람새의 목소리가 걸린다

남편의 진갑선물로

반짝 햇살 아침
진주알이 대롱대롱
수국꽃 물망초꽃
방울방울 물방울 꽃
휴대폰 카메라 속에
할미꽃도 웃는다

분홍 꽃엔 분홍 진주
파란 꽃엔 파란 진주
빨래엔 거품 진주
초록 잎엔 초록 진주
남편의 진갑선물로
가락지를 꿸까봐

해설

안팎의 상형문자 또는 거울論

고혜영 시인의 『하나씩 지워져 간다』를 중심으로

– 고정국(시인, 월간 〈시조갤러리 발행인〉)

1. 아들 시인 엄마 시인

1년 전 승일이가 엄마 따라 시 쓰는 것을 배우겠다고 찾아왔다. 나는 그때 집 근처에 나무가 있느냐고 물었다. 그래서 시를 나에게 배우지 말고, 오늘부터 단풍나무와 친구가 되라고 했다. 그러면 단풍나무가 승일이에게 시를 가르쳐 줄 것이라고 했다.

그리고 1년 후 엄마는 승일이가 썼다는 시 전부를 커다란 서류봉투에 넣고 찾아왔다. 승일이가 일기로 쓴 시들 한 권의 책으로 엮어주고 싶다면서 가필을 부탁하러 온 것이다.

두고 간 원고를 읽었다. 승일이는 그 사이 단풍나무를 시작으로 마당 안에 모든 화초들과 아주 깊은 관계를 나누었던 것 같다. 하루도 빠짐없이 그들과 나눈 대화들이 천진난만한 시의 옷을 입고 여기저기 초롱초롱 빛나고 있었다. 이 깨끗한 영혼의 필사본에 가필이라니, 가당치도 않았다. 맞춤법 몇 군데와 띄어쓰기 몇 군데 말고는 어느 한 부분 수정하고 덧붙이는 그 자체가 무슨 죄를 짓는 것이나 다름없다고 생각되었다.

> 오늘 엄마가 눈물을 흘렸다/텃밭에 돌 발판을 세웠다/흙속에 바퀴가 굴러가는 것 같다//저 동그라미처럼/엄마가 울지 않았으면 좋겠다
>
> – 이승일 지음 「엄마」 전문

세상엔 세 개의 톱니바퀴가 있다. 현실의 톱니바퀴와 역사의 톱니바퀴와 하늘의 톱니바퀴다. 하늘이 자연을 통해 우리에게 전하려는 언어를 우리말로 받아쓰는 존재가 바로 시인이라고 했을 때, 승일이야말로 감성의 코드를 하늘의 톱니바퀴에 맞춘 파란 마음의 시인임엔 틀림이 없다.

빅토르 위고가 말했다. 절망은 삶의 끝이 아니라, 구원의 시작이라고! 승일이도 정녕 엄마의 눈물을 여러 차례 보아온 것 같다. 지적장애 막내를 둔 엄마의 눈물은 얼마나 짜디짰을까. 그러나 그 엄마는 절망하지 않았고, 장애인 아들의 성정에 숨어 있는 시 창작 가능성

을 찾아냈던 것이다. 결국에는 승일이로 하여금 이처럼 따뜻하고 예쁜 시집을 우리에게 안겨줄 수 있게 하지 않았는가. 그것이 바로 절망하지 않는 어머니의 힘, 가족과 이웃의 힘이라는 것을 믿어 의심치 않는다. 〈후략〉

이 기다란 인용문은 10년 전 이승일 시집 『엄마 울지 마세요, 사랑하잖아요』에 필자가 썼던 발문의 일부분입니다. 그리고 또 10년 후 당시 장애인 막내 때문에 짜디짠 눈물을 훔쳤던 승일이 엄마, 고혜영 씨가 신춘문예라는 등단의 과정을 거치고 첫 시집의 해설을 부탁해 왔네요.

막내 아이 앞에 두고 사람 되길 소망했지
사람 사는 세상에서 사람으로 태어나도
꽃보다 나무들보다 곁눈질을 받았지

내 앞에 찰흙덩이 주어졌다 생각했어
눈 붙이고 코 붙이고 입 붙이고 귀 붙이고
마지막 심장을 붙여 숨을 "푸-푸" 불었지

그때부터 그 찰흙은 숨을 쉬기 시작했어
마당에 꽃과 별들과 말을 하기 시작했어
엄마는 그 아이 보며 "우리 천~재" 울었지

-「사람 人 이야기」 전문

그토록 갈망하는 출산의 기대가 절망으로 이어졌을 때, 그래서 찰흙덩이에다 눈 붙이고, 코 붙이고, 귀 붙이고 마지막 심장을 붙이는 심정으로 사산에 가까운 아기의 코에 대고 숨을 "푸~푸~" 불 때의 엄마의 심정을 헤아리지 않고 이 작품을 이해할 수 없을 것 같습니다.

그리고 그 흙덩이가 비로소 숨을 쉬고, 머지않아 마당의 꽃과 하늘의 별들과 말을 나누기 시작했을 때 그 엄마의 눈물겨움이 감지되는 작품입니다. 더구나 이 작품은 〈천자문 따라 시조 짓기〉 과정에서 '사람 人'자를 만났을 때, "사람 사는 세상에서 사람으로 태어나도/꽃보다 나무들보다 곁눈질을 받았"던 당시 쓰라림을 떠올리며 단숨에 쏟아냈던 작품이라 여겨집니다.

2. 자연 읽기 세상 읽기

사람들은 크든 작든 체험으로 얻어진 그림 몇 점씩을 가슴에 품고 삽니다. 하나의 특정적 대상을 만났을 때 체험과 유사한 그림을 떠올립니다. 이때 떠올린 그림이 바로 지은이와 읽는 이가 공유할 수 있는 이미지의 세계라 할 수 있습니다.

시인은 주 일주일에 한 번 제주도 산간마을의 올레 걷기를 하는 것 같습니다. 북제주 산간마을 한림읍 명월리에는 적어도 150년 생 이상의 팽나무 백 그루가 넘게 군락을 이루면서 사람의 발길을 멈춰 세웁니다. 아마 시인은 한겨울에 이 산간마을을 걷다가 문득 하나도 남김없이 잎을 지운 팽나무 군락에 머물렀던 것 같습니다.

추사 김정희는 한겨울에도 잎을 지닌 소나무를 그려 〈세한도〉라는 명작을 남겼지만, 제주에 사는 시인은 차라리 잎을 내리고 겨울을 나는 늙은 팽나무에게서 또 다른 세한의 그림 한 점을 받아내고 있습니다.

백 세 넘은 팽나무가 제 군락을 이루면서
상남자 거친 세월 기세 등등 가지로 서서
하늘에 덧칠을 하던
그 붓 길은 굽었네

비바람 맞고서야 옹골 차는 저 가지들
마디마디 우여곡절 초중종장 운율처럼
나 여기 백년 생 팽나무
그 곁에 와 서 있네

-「겨울 걷기 1」 중에서

사람들은 시간의 힘을 자연에게서 배웁니다. 거짓과 진실, 가짜와 진짜를 가려내는 힘이 시간에 있고, 따라서 자연은 하늘의 입김을 받아 주변 사물들을 통해 시인의 눈과 귀로 다가오는 것이라고 생각합니다.

잎이 지고 나서야 등 굽은 가지들의 내력을 시인이 읽어내고 있습니다. 더구나 이곳은 사삼 때 140여 명의 인명피해를 입었던 고장이기도 합니다. 그래서 기세등등했던 상남자들이 하늘에 덧칠하던, 굽은 붓 길을 봅니다. 굽은 듯 옹골찬 팽나무 가지에서 고난의 세월에도 꿈쩍 않고 제자리를 지켜온 팽나무들과 함께 이곳 나이든 사람들의 애향심도 함께 읽어내고 있습니다. 거기에다 시인은 꼬불꼬불 휘어진 겨울 팽나무를 보면서 "마디마디 우여곡절 초중종장의 운율"에 갖다 맞추는 기법까지 보이고 있습니다.

한 시인의 탄생, 작품 한 편 탄생에는 반드시 시간과 공간이라는 환경적 배경이 있기 마련입니다. 시인의 시력과 어휘력, 더 나아가 상상력에 이르기까지 작품 전편에 녹아들어있음을 다음 작품에서도 알 수 있습니다.

> 새들이 떠난 자리 관절 눈코 다 붙이고/삼백 년 팽나무의 생애 같은 실루엣 한 편/검은색 폐비닐 자락이/가지 끝에 날린다//춤 한 판 펼쳐서야 봄이 시작된다는 것을/이파리 벗어내야 진실 거기 있었음을/건너편 나무 사이로/까치집도/보인다
>
> -「겨울 걷기 2」 중에서

우리가 시력의 나약함을 이야기할 때, 특정 대상을 볼 수 없는 것이 아니라 '보려하지 않는' 것이며, 어휘력의 부족함을 이야기 할 때 하나의 어휘를 모르는 것이 아니라 '눈여겨 찾지 않았'기 때문인지 모르겠습니다. 그래서 제 주변에는 '시조로 쓰는 관찰일기'와 '천자문 따라 시조 짓기' 과정을 거치는 후배들이 몇 몇 있는 것 같습니다.

내 삶의 안전띠에는
'똑'소리가 나지 않아

육십 킬로 안전속도
슬쩍 슬쩍 끼어드는

천자문 '지킬 守'자가
교통법을 어긴다

-「지킬 守-끼어들기」 전문

천자문 393번째의 '지킬 守'를 앞에 두고 슬쩍 슬쩍 삶의 교통법규를 위반하는 자아를 돌아보고 있습니다. 이 과정에서 차츰 시력과 어휘력을 갖춰가면서 어느새 자연의 언어에까지 귀를 기울이고 있네요.

제가 친 올가미에
그만 제가 갇히고 만

마당 켠 거미 한 마리
꼼짝 못한 저녁 무렵

열나흘 상현이 뜨다
거미줄에
걸렸다

-「우화 한 점」 전문

시인이 어느 날 마당 한 켠에 꼼짝 않고 먹잇감을 기다리는 거미 한 마리를 보았습니다. 그 거미줄을 한 겹 한 겹 우리를 에워싸고 있는 '욕심'이라는 포승줄에 갖다 맞춥니다. 때마침 저물녘 동편하늘에 떠오르던 열나흘 상현달이 그 거미줄에 걸려버리고 말았으니, 현대라는 울타리에 갇혀 사는 자아의 모습을 한 편의 '우화'라는 어휘로 빈정대고 있습니다. 거기에다 거미줄에 걸린 열나흘 상현달을 우리의 자화상으로 대치, 그 선명성을 부각시켜 나가고 있습니다.

「우화 한 점」이라는 제목 붙이기도 그렇지만, 단순한 시적 테크닉에다 시력과 어휘력 더 나아가 물욕, 명예욕, 권력욕이라는 현대인의 감옥을 깨우치게 하는 시인의 인식 폭을 감지할 수 있습니다. 그래서 문득, "인간은 미쳐서 살다가 깨우쳐서 죽는다."고 한 미켈 데 세르반테스의 한 마디를 떠올리게도 합니다.

앞서가던 한 여인이
생리대를 버렸구나

인적 뜸한 올레길에
군데군데 만나는 꽃

폐경기 혈흔이 묻은
꽃잎들이
밟힌다

-「폐경의 시-야생양귀비」 전문

꽃은 피어 있을 때보다 낙화하면서 더 많은 이야기를 남기는 것 같습니다. 여기 보다시피 올레길 길섶에 군데군데 떨어진 야생양귀비 꽃잎에 생의 하향곡선에서 만났던 '폐경'이라는 어휘가 느닷없이 포개지고 있습니다. 이처럼 시는 쓰는 게 아니라 돌려세워 만나는 것, 올레 걷기라는 1차적 체험을 통해 시와 악수를 하고 있는 모습이 보기에 좋습니다.

3. '나열'에서 '전개'로

초보자는 물론이지만, 수십 년 시력을 갖춘 원로 시조시인들도 명사형 제목에다 그 제목을 설명하는 이른바 전면접근 방식에서 벗어나지 못한 경우를 흔히 볼 수 있습니다. 모름지기 예술작품이란 제목을 설명하는 주관식 모범답안지가 아닐 것이라 생각해봅니다. 특히 시조의 경우, 제목과 초 중 종장의 유기적 관계뿐만 아니라, 장르 특유의 '결'까지를 갖추면서 설명이 아닌 느낌으로 전달하는 이른바 측면접근이라는 점을 생각할 때, 고혜영의 시조에서 발견되는 남다른 접근성과 차별성이 고개를 끄덕이게 합니다.

욕심을 부릴수록 입을 다물고 욕심을 줄일수록 이목구비를 여는 것이 자연의 얼굴이라고 생각해봅니다. 과시하려 할수록 사립문을 닫으려 하고 몸을 낮출수록 문을 여는 게 자연의 마음이라고 생각해 봅니다. 이처럼 자연의 입장에서 자신을 돌이켜보면, 우리가 선불리 내세우려는 지적, 정파적, 때로는 종교적 선입견 따위가 얼마나 가소로울 것인가도 생각해봅니다. 이런 것들은 어디서나 자연과의 만남, 더구나 시와의 만남에 훼방 놓기 마련이지요. 이때 자신이 앞세우려는 선입견, 허세, 현시욕 등이야말로 시를 위한 열림의 도구가 아니라, 눈가림의 차단막으로 돌변하고 만다는 것을 해를 거듭할수록 절감하기에 이릅니다.

그래서 시인이고자 하는 사람들이 자연과의 가까워지기 위해, 부득이 노자와 에머슨을 만나게 됩니다. 노자를 만나려고 책장을 열자마자 무위無爲라는 낱말 앞에 멈칫하게 됩니다. 우리 보통사람들에게 참으로 어렵고 거짓말처럼 들리는 낱말! 그러나 금세 그 무위라는 낱말에게서 "자연스러움"의 뜻에 설득당하고 맙니다.

아픈 만큼 주신 선물
이제야 받습니다

원망 분노 절망 희망…
십 년 세월 보내고서야

담쟁이 붉은 핏줄의
따스함을 압니다

-「단풍 앞에서」 전문

젊은 시절 일기장에 썼던 빈성문 비슷한 단수 한 편입니다. 이 작품에서 볼 수 있는 게 바로 '나열'이라는 초보적 단계에서 어느새 '전개'의 표현기법을 응용하고 있다는 점입니다.

'자연스러움'에는 모름지기 기승전결起承轉結이라는 전개 질서가 있는 것 같습니다. 그리고 여기, '단풍'이라는 아기손바닥보다 작은 단풍든 담쟁이 앞에 무릎 꿇고 앉아 한 편의 시조를 받아쓰는 시인의 모습이 소녀 같네요.

비로소 시 쓰기에 입문한 10년 세월에, 원망, 분노, 절망, 희망 등의 길을 방황하다가 비로소 "담쟁이 붉은 핏줄의 따스함"을 받아 적는 창백한 손가락이 눈물 겹습니다.

4. 안과 밖의 상형문자

자연의 법과 질서는 그야말로 '자연스러운 것'이어서 살아 있는 것 바로 옆에 죽어 있는 것을 눕히고, 착한 것 옆에 모진 것을 세우고, 암컷 옆에 수컷을, 사랑 옆에 미움을 준비하고 어둠 속에 빛을 숨겨놓고, 슬픔 옆에 기쁨을 대기시키고 있습니다. 그래서 무생물이 생물로 재활용되고, 기쁨이 슬픔으로 재활용되고 어둠이 빛으로 재활용되는 것 같습니다. 높은 산과 깊은 계곡이 할 일 없어 거기 있는 것이 아니라, 깊은 만큼 높아지고 높은 만큼 낮아진다는 불변의 법칙을 천년만년 우리 앞에 보여주고 있는 것입니다. 그 무수한 상형문자들을 고혜영 작품에서 다시 보게 되네요.

> 쭈글쭈글 검버섯이/늙은 해녀를 닮았구나//추워, 추워 잦아든 아랫목 와서일까//노지 산 한라봉 꼭지/젖꼭지가 시든다
>
> –「젖꼭지가 시든다」 중에서

물 반 고기 반/사람 반 고사리 반//고사리 오무렸다 초록 손을 펴는구나//빙그레 백록 정상이/부처 미소/지으셔

-「초파일 고사리밭」 중에서

그런데 가만 보면, 평화와 안온함도 그 상황이 오래 가다보면 크고 작은 불화가 있고, 치열한 전투 중에도 짤막짤막한 평화와 사랑이 있기 마련이겠지요. 세상은 이처럼 사랑과 증오, 아름다움과 추함, 생과 사, 선과 악, 유와 무가 서로 끊임없이 호흡을 하고 있는 것을 나이 들어 알게 되네요.

그런데 자연을 대표하는 해와 달은 변함없이 뜨고 집니다. 시인은 그중에도 손녀 나이쯤인 초승달을 좋아했던 것 같습니다.

서울 손녀 시현이가
외갓집에 내려온 날

서쪽하늘 초승달이
서울 애기 보러 왔다

그 곁에 별 몇을 데리고
서울 말씨 쓰면서

자동차 문을 열자
시현이가 달 부른다

"달아 안녕? 별아 안녕?"
손인사가 반짝반짝

뽀드득, 노란 살갗의
초승달도 아기다

— 「손녀의 초승」 전문

결국 동심과 시심은 하나인 것 같습니다. 이 작품은 한 마디로 "뽀드득" 깨물고 싶을 만큼의 예쁜 동시조라 할 수 있습니다. 이 또한 달리 설명할 필요가 없이, "별 몇을 데리고", 와서 "서울 말씨"로 손녀와 인사하는 초승달을 노래하고 있습니다.

젖소는 사람이 먹을 수 없는 풀을 뜯어먹고 삽니다. 그리고 네 번의 되새김질을 거쳐 최고 식품인 우유를 생산합니다. 하나의 바깥 풍경이 내면으로 들어와 네 번 이상의 반추反芻 과정을 거쳐 한 편의 시가 탄생되는 것도 이와 비슷할 것 같습니다.

시어머니 물려주신/내 품안에 항아리 두엇//된장 김치 담아 넣고/마당 옆에 모셔두면//등 굽은 낮달이 와서/등허리를/

닦네요

—「낮달」 전문

한때는 손녀의 모습으로, 한때는 시골에 계신 어머니의 모습으로 시인은 보름에 한두 번씩 달을 만나고 있습니다. 이처럼 본인의 과거와 미래를 달을 통해 만납니다. 이때 손녀는 내 유년의 거울이며, 어머니는 내 미래의 거울인 셈이지요. '나'는 수많은 '타인'의 모습인 동시에, 수많은 타인들 속에 스며들면서 그 속에서 나를 발견토록 합니다. 바로 시인들 내면에 지니고 있는 인식의 거울이 그런 것 같습니다.

또 하나, 고혜영은 이미 카메라에 일가견을 이루면서 시조와 사진을 접목시키고 있습니다. 그리고 제주도 중산간 마을의 정기적 '올레 걷기'를 체험하면서 그곳의 숨은 이야기들을 시조 속에 담아내고 있습니다. 테마 있는 삶, 테마 있는 시작 태도의 실례로써 시조의 실용화가 여기에서 비롯된다는 것 같아 마음 든든하기도 합니다.

나무와 돌담 사이 집이 성큼 다가오네/가릴 것 없는 동네 남원읍 의귀리에/수줍은 소녀가 산다/동백볼을/붉히며/〈남원읍 의귀리〉

– 「겨울 걷기 10」 중에서

콩밭이 정낭 세 개로/그 속내를 다 밝힌다/사람은 정낭에게/정낭은 사람에게/제주엔/저들끼리만 소곤소곤 거린다/《애월읍 납읍리》

-「겨울 걷기 11」 중에서

길이란 혼자서 가야 쓸쓸함도 따르는 것/돌담 너머 콩밭 너머 사람의 가슴에 드는/첫발의 깊이를 헤아려 디딤돌이 놓인다/《애월읍 납읍리》

-「겨울 걷기 12」 중에서

5. 역광에서 만나는 것들

행정안전부가 발표한 통계에 따르면, 2017년 12월 4일 현재 제주도 인구는 64만 1,597명이라 하네요. 이는 지난해보다 2.7퍼센트 증가한 수치이고 하루에 47명씩 더해지면서, 날마다 90대에 가까운 차량이 한정된 도로 위를 달리고 있습니다. 이처럼 시대 변화에 어쩔 수 없이 무기력할 수밖에 없는 시인이 지극히 담담한 어조의 「하나씩 지워져간다」 작품 한 편을 만납니다.

고추밭에 나직이 앉아 노을을 줍던 노인
서쪽 산등성이 불빛들도 낮아지고
하나씩 지워져 간다, 아라동에 이름들

문 열면 한라산이 마당까지 달려와서
아프다, 슬프다, 기쁘다며 주고 받던…
이제는 잿빛 건물만 거물처럼 서 있고

십년 전 이사 올 땐 먼 산들도 이웃이더니
민들레 쑥부쟁이 제비꽃 피는 날에도
외마디 철문 닫는 소리, 노을빛도 가린다

—「하나씩 지워져 간다」 전문

달리 설명이 필요 없는, 시인이 사는 동네인 아라동의 변화 모습을 담아내고 있습니다. 또한 삶의 언덕에 올라 담담한 시선으로 삶의 동서남북을 바라보는 심경도 느끼게 합니다. 시집 『하나씩 지워져 간다』라는 표제의 어감에서 시간과 공간 변화를 몸으로 체험하는 동시대 사람들과 보행을 함께하려는, 담담한 시인의 마음도 느껴집니다.

선행에 대한 양심의 명령을 받고도 자꾸만 뒤로 미루고, 회싱에 젖은 눈길로 어제를 애석해 하는 자, 그리고 오늘의 아름다움과 풍요와 사랑에는 무심한 채 까치발을 들고 유토피아만을 내다보려 하는 자는 누구일까요? 한편, 우리 주변에서 간절한 눈빛으로 올려다보는 들꽃송이에게서 하늘의 언어를 우리말로 받아 적는

자들이 누구일까요? 그렇다면, 저 작은 밤하늘 별들이 낮이면 텃밭에 내려와 하얗고 성근 치아를 드러내면서 속삭이는 별꽃의 언어는 무슨 의미로 읽어낼 수 있을까요?

그런데 오늘 여기, 고혜영 시인이 자연 속으로 한 발 더 들여놓고는 "헛헛한 밑둥치에 한 잎 두 잎 내리는 가을" 잎사귀처럼 생의 가을 입구에서 가을 숲 잡목들의 '비워냄의 몸짓'을 바라보고 있습니다.

때 되면 자리 비우는 가을 숲이 사람들 같다
헛헛한 밑둥치에 한 잎 두 잎 내리는 가을
뒤따라 내려온 햇살에 눈물겨워 오는 길

올 가을 내안의 숲에도 가지들을 비워야지
방울방울 산의 열매 아껴 먹던 새들조차
나직한 날갯짓으로 찡찡 울며 나는 길

붉은 것은 붉은 대로 노란 것은 노랑대로
떠나갈 무렵 해서 제 속내 다 드러낸 길
빨간색 화살표 하나가 역광 속에 보인다

-「역광의 길」 전문

고혜영의 등단작이기도 한 이 「역광의 길」을 다시 읽

으면서 '역逆'이라는 음절의 의미를 짚어보게도 합니다. 일반적 정서가 추구하는 것이 바로 '역逆'의 반대개념인 '순順'이라 할 수 있겠지요. 그러나 우리가 향하고 있는 방향에 따라 한 줄기 빛살은 역광도 되고 돌아서면 또 순광은 물론, 충정도 되고 역모도 됩니다.

"나는 아이라서 말을 잘 못합니다" 하고 야훼(하나님)의 명령을 거절했던 예레미야에게 "야훼는 당신의 말을 직접 그의 입에 넣어주고 그를 '만방에 내 말을 전할 나의 예언자'로 삼는다는 보증을 해주었습니다"라는 예레미야 한 구절을 떠올려봅니다.

가을이면 나무들이 열매와 잎사귀를 내립니다. 보통 사람들은 그걸 보며 '나도 비워야지, 그러니까 너도 비워!' 하면서 도덕군자 흉내를 냅니다. 그런데 오늘은, 고혜영 시인이 가을 숲에 들어 자연의 말을 받아쓰고 있습니다. 여기 「역광의 길」 끝수 종장에 "빨간색 화살"촉이 심상치않습니다. 어쩌면 위선자들이 단골메뉴로 사용되는 '비운다'는 어휘의 남용을 경계한다는 의미로 해석되기 때문입니다.

> 맨발로 산을 내려와 눈을 밟고 선다는 것
> 발목에 이끼헝겊 수백 번을 기워 신었을
> 휴양림 삼나무 숲의 정강이가 시리다

감귤밭 바람막이 제 역할을 다하고도
평생을 섬에 갇혀 하늘길만 바라보는
세모꼴 삼각의 뼈가 추울수록 강해라

은행원 삼십 년은 어쩜 식물이었던 거
오는 새 가는 새 날갯짓만 헤아리다
까마귀 두 음절 노래로 뚝뚝 눈을 부린다

-「겨울 삼나무」 전문

"맨발로 산을 내려와…" 마치 은행원 30년의 직장생활을 마치면서 서랍을 정리하는 듯한 느낌이 드는 작품입니다. 이 역시 올레길에서 만난 한라산 휴양림의 삼나무 숲에서 받아낸 것 같습니다. "평생을 섬에 갇혀 하늘길만 바라보는/세모꼴 삼각의 뼈가 추울수록 강해라"만 봐도 그렇습니다.

일련의 과정을 보면 그 결과가 예측되기도 합니다. 일찍이 고혜영은 시골학교를 졸업하고 힘겹게 금융계 직장에 들어갑니다. 그리고 직장 상사들의 대화를 듣습니다. 그런데 그들 상사의 대화 내용을 전혀 알아들을 수가 없었다고 합니다. 비로소 세상에 대한 자신의 무지함을 인지하고, 국내 대표 신문 다섯 종을 십년간 하나도 남김없이 훑어 읽어내고서야 어렴풋이 세상 눈금이 보였다고 했습니다. 그 후 대학, 대학원 과정 등의 만학을 거치면서 그 업계의 도내 지점장은 물론, 이제는 사회 곳곳에 출강 제의까지 받는다고 했습니다.

그리고 서두에 꺼냈던 막내아들 '승일'이를 국내 최초로 지적 장애인 문학인으로 등재할 수 있을 정도로 절실한 모습의 삶을 살아왔습니다. 거기에다 30년 직장생활을 마치고 명예퇴임을 하자마자 여기저기 러브콜을 받았지만, 다 마다하고 시조쓰기에 전념하고 있다고 했습니다. 그 전력이나 삶의 자세로 봤을 때 고혜영은 우리 시조문단에 뭔가 저질러놓을 것만 같은 우려와 기대감을 떨쳐버릴 수가 없다는 게 솔직한 필자의 심정이기도 합니다.

어느 시인을 막론하고 첫 시집 상재에는 상당한 설렘이 있기 마련입니다. 그 설렘과 기대만큼이나 실망을 안겨주는 것이 있습니다. 바로 독자의 침묵입니다. 때로는 그 침묵이 시 쓰는 사람들에게 공포로 다가오는 경우도 있습니다. 그러니 열려 있는 마음의 경우 독자 침묵의 원인이 바로 시인 자신이라는 점을 알게 될 것입니다.

첫 시집을 내고 보면 전혀 몰랐던 자신의 모습이 보이기 시작할 것입니다. 바로 해설 제목의 '거울論'의 근거를 첫 시집에서 찾을 수 있기 때문입니다.

한편 한 편의 시는 당사자이든 독자에게든 또 다른 영감의 세계를 향한 징검돌 구실을 합니다. 그 수많은 우여곡절에서 강화된 내공의 힘이 고혜영 시인 전신에 내장돼 있으리라 믿습니다.

자연은 예나 지금이나 간절한 몸짓으로 시인에게 전하려는 '말'이 있습니다. 바로 '바른 눈'으로 세상을 보라는 내용입니다. '바른 눈'이야 말로 본성에 충실할 때만 갖추어집니다. 바른 눈을 갖추지 않았을 때, 자연은 결코 감추었던 진실은 물론, 제대로 된 시 한 줄 보태주지 않습니다.

더더구나 자연 앞에서는 그 어떤 가식이나 요령, 타협 따위는 용납되지 않습니다. 그래서 시인은 숙명적으로 외로움에 감사하며 사는 존재라는 한마디를 끝으로, 이 독후감 수준의 해설을 마치려 합니다. 고맙습니다.

2017년 세모, 소안도 〈달뜨는 집〉에서